CHAPITRES DE LA BIBLE POUR ENFANTS

Le Notre Père

La prière du Seigneur

Matthieu 6:9-13

iCHARACTER

Publié par iCharacter Ltd. (Ireland)
www.iCharacter.eu
Texte : Agnès et Salem de Bézenac
Illustrations : Agnès de Bézenac
Mise en couleur : Sabine Rich
Traduit de l'original anglais par Berniris

Notre Père qui es aux Cieux,

Nous parlons à Dieu, notre
Père céleste qui nous aime.

Que ton nom soit sanctifié,

Que tout le monde sache que Dieu est génial, fabuleux, le plus grand.

Que ton règne vienne,

Le Royaume de Dieu est un endroit merveilleux, où il fait bon vivre ensemble.

Que ta volonté soit faite
sur la terre comme au ciel.

Dieu veut que nous vivions dans
la paix et la bonté, pour que la
terre devienne comme le ciel.

**Donne-nous aujourd'hui
notre pain de ce jour,**

Nous faisons confiance à Dieu, nous
savons qu'il nous donnera ce dont
nous avons besoin chaque jour.

Pardonne-nous nos offenses,
comme nous pardonnons aussi à
ceux qui nous ont offensés.

Nous demandons à Dieu de
nous pardonner nos fautes,
et Lui promettons de pardonner à
ceux qui nous ont fait du tort.

Et ne nous soumets pas à la tentation, mais délivre-nous du mal.

Nous demandons à Dieu de nous aider à faire le bon choix même quand c'est difficile.

Car c'est à toi qu'appartiennent le royaume, la puissance et la gloire, pour les siècles des siècles.

Dieu est merveilleux, Dieu est puissant, et Il le sera toujours.

Amen.

Cela veut dire : qu'il en soit ainsi !
Ou encore : cela est vrai
et je suis d'accord.

Voici quelques prières que tu pourras réciter au cours de la journée.

Notre Papa du Ciel,
Merci pour la nuit où tout est calme,
Merci pour la lumière du matin, si belle,
Merci pour la nourriture, le repos,
Et ton amour qui rend tout si beau.

Merci pour le goûter, le soleil,
Les chats, les chiens, les animaux,
Merci pour les bébés, la vie qui est belle,
Mes rollers et mon vélo.

À l'école comme à la maison,
Tout au long de la journée,
Je sais que Tu veilles sur moi.
Alors, Seigneur, apprends-moi à T'aimer.

Remplis-moi, Seigneur,
De ta bonne humeur,
Que tous puissent voir la joie
Que j'ai d'être avec Toi.

Mon Dieu, bénis tous mes amis,
Et les grandes personnes aussi.
Apprends-moi à être gentil envers les autres,
À les aimer comme Toi, Tu m'aimes.

Père, Tu nous procures
Le repas de chaque jour,
Bénis la nourriture
Que nous donne Ton amour.

Ô Dieu qui donnes leur pâture
Aux tout petits oiseaux,
Bénis cette nourriture
Et purifie notre eau !

Le jour s'en va, la nuit s'en vient,
Je pense à Toi, ô mon Seigneur.
Tu es en moi, je m'en souviens,
De qui aurais-je peur ?

Merci Jésus pour ce repos,
Pour ton sourire qui me rassure.
Comme une bonne couverture
Tu me tiendras bien au chaud.

Tu es toujours fort, toujours proche,
Tu ne me laisses jamais tomber.
C'est à Toi que je m'accroche,
Sur Toi, c'est sûr, je peux compter.

Jésus, je suis Ta petite brebis,
C'est Toi qui sais ce qu'il me faut.
Merci d'être mon ami,
Tu ne me feras jamais défaut.

Autres titres dans la même collection

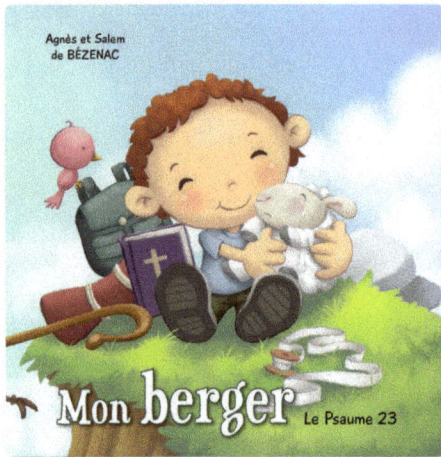

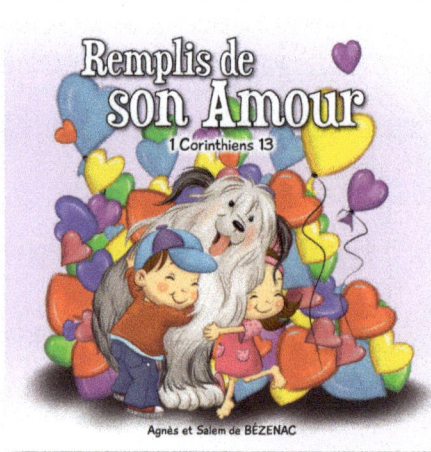

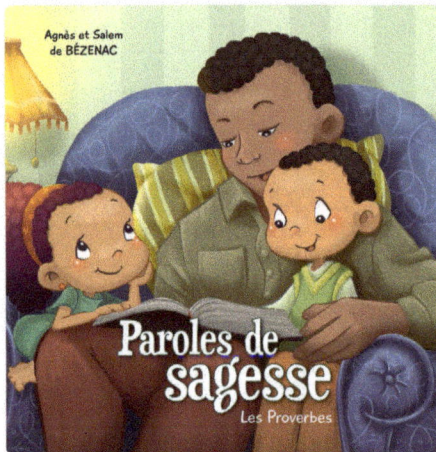

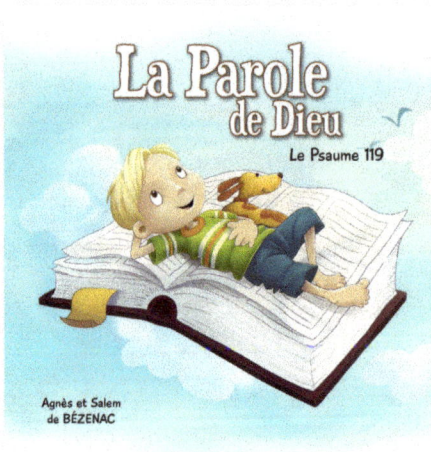

Agnès et Salem de BÉZENAC

Mon **berger** — Le Psaume 23

Remplis de **son Amour** — 1 Corinthiens 13

Agnès et Salem de BÉZENAC

Agnès et Salem de BÉZENAC

Je loue mon **Seigneur** — Le Psaume 100

Agnès et Salem de BÉZENAC

Agnès et Salem de BÉZENAC

Paroles de sagesse — Les Proverbes

La Parole **de Dieu** — Le Psaume 119

Agnès et Salem de BÉZENAC

Dieu prend soin **de moi** — Psaume 121

Agnès et Salem de BÉZENAC

www.ingramcontent.com/pod-product-compliance
Lightning Source LLC
Chambersburg PA
CBHW040251100426
42811CB00011B/1227